Tendance recettes

W0201299

tartines & bruschetta

ARTÉMIS ÉDITIONS

tartines
& *bruschetta*

➤ Tartines et bruschettas sont idéales pour des repas sur le pouce ou pour des soirées sympas entre amis, par une belle soirée d'été.

➤ La bruschetta est une entrée italienne à base de tranches de pain frottées à l'ail et à l'huile d'olive, accommodées avec divers ingrédients (tomates, poivrons marinés, anchois, mozzarella, etc.) et passées sous le gril du four pendant 5 min. Elles se dégustent encore chaudes, en apéritif ou en entrée.

➤ Vous pouvez réaliser vos tartines et vos bruschettas avec des pains variés : pain de mie, brioche, pain de campagne, baguette, pain aux graines, pain pita... Le secret est d'oser les mélanges audacieux !

P : temps de préparation. C : temps de cuisson.

SOMMAIRE

bruschetta
aux trois oignons

[Pour 4 personnes]

facile **cuisson : 5 min** **préparation : 10 min**

ingrédients

- 1/2 oignon blanc
- 1/2 oignon rouge
- 1/2 oignon jaune
- 2 tomates
- 3 cuillères à soupe d'huile d'olive
- 1 cuillère à café de sel de Guérande
- 4 tranches de pain de campagne

préparation

1. **Épluchez les oignons** et coupez-les en rondelles.
2. **Coupez les tomates** en rondelles.
3. **Badigeonnez les tranches** de pain d'huile d'olive.
4. **Répartissez les tomates** sur les tranches de pain, surmontez de rondelles d'oignons et saupoudrez de sel.
5. **Cuisez sous le gril** 5 min à mi-hauteur et servez.

bruschetta de pommes *au marsala*

[Pour 4 personnes]

facile **cuisson : 15 min** **préparation : 20 min**

ingrédients

- 2 pommes
- 2 cuillères à soupe de marsala
- 50 g de beurre
- 50 g de sucre roux
- 1 sachet de sucre vanillé
- 150 g de mozzarella
- 4 tranches de brioche
- 2 cuillères à soupe de sucre glace

préparation

1 **ÉPLUCHEZ LES POMMES,** ôtez le cœur avec les pépins et détaillez-les en dés.

2 **CUISEZ LES DÉS** de pommes 8 min à petit feu dans une casserole à couvert, avec le beurre, le marsala, le sucre roux et le sucre vanillé.

3 **RÉPARTISSEZ-LES** avec le jus de cuisson sur les tranches de brioches, et couvrez de fines tranches de mozzarella.

4 **CUISEZ 5 MIN** sous le gril, puis saupoudrez de sucre glace et dégustez.

bruschetta
en meurette

[Pour 4 personnes]

moyen | **cuisson : 20 min** | **préparation : 20 min**

ingrédients

- 4 œufs
- 1 cuillère à soupe de gros sel
- 1 cuillère à soupe de vinaigre
- 50 cl de vin rouge
- 20 cl de fond de veau lié
- 100 g de champignons de Paris
- 100 g de lardon
- 4 tranches de pain de campagne

préparation

1. TOASTEZ LE PAIN.

2. DANS UNE CASSEROLE, faites réduire de trois quarts le vin et le fond de veau.

3. LAVEZ ET ÉMINCEZ les champignons de Paris, puis faites-les cuire dans une poêle avec les lardons.

4. AJOUTEZ LES LARDONS et les champignons à la sauce au vin rouge et laissez cuire encore 5 min.

5. POCHEZ 3 MIN les œufs dans une grande quantité d'eau salée et vinaigrée, puis déposez-les sur les tranches de pain.

6. NAPPEZ DE SAUCE et dégustez.

bruschetta
façon tian

[Pour 4 personnes]

facile **cuisson : 45 min** **préparation : 20 min**

ingrédients

- 1 aubergine
- 1 poivron rouge
- 1 courgette
- 1 oignon
- 4 tomates
- 1 cuillère à café d'herbes de Provence
- 1 baguette
- 5 cuillères à soupe d'huile d'olive
- 100 g d'emmental

préparation

1. **Coupez la baguette** en deux dans le sens de la longueur, puis de nouveau en deux dans le sens de la largeur.

2. **Lavez les légumes,** puis coupez-les en rondelles que vous saupoudrez d'herbes de Provence.

3. **Poêlez les aubergines** 5 min dans 1 cuillère à soupe d'huile d'olive.

4. **Placez le pain** dans un plat allant au four et disposez les légumes par-dessus en couche successives.

5. **Saupoudrez d'emmental** et versez le restant d'huile en filet.

6. **Cuisez dans un four** chaud à 180° (thermostat 6) pendant 40 min, puis dégustez.

bubble and squeak

[Pour 4 personnes]

facile **cuisson : 1 h** **préparation : 20 min**

ingrédients

- 1 baguette
- 400 g de pommes de terre
- 100 g de beurre
- 1/4 de chou blanc
- 4 cuillères à café de chutney
- Sel, poivre du moulin

préparation

1. **Coupez la baguette** en deux dans le sens de la longueur, puis en deux dans le sens de la largeur.

2. **Faites cuire** les pommes de terre dans leur peau pendant 40 min dans un grand volume d'eau bouillante salée, puis égouttez-les.

3. **Enlevez la nervure** centrale du chou et détaillez-le en fines lanières.

4. **Cuisez le chou** dans du beurre à petit feu et à couvert pendant 20 min.

5. **Épluchez les pommes de terre,** écrasez-les grossièrement à la fourchette et mélangez-les au chou. Assaisonnez.

6. **Tartinez les tranches** de baguette avec le chutney, recouvrez de purée de pommes de terre et de chou et dégustez.

L'américaine

[Pour 4 personnes]

facile | **cuisson : 8 min** | **préparation : 20 min**

ingrédients

- 4 tranches de pain de mie complet
- 4 tranches de cheddar
- 1 gros cornichon
- 2 cuillères à soupe de moutarde anglaise
- 2 cuillères à soupe de ketchup
- 3 feuilles de laitue
- 4 steaks hachés

préparation

1. TOASTEZ LE PAIN de mie.
2. COUPEZ LE CORNICHON en tranches.
3. ENLEVEZ LA NERVURE centrale des feuilles de laitue et détaillez-les en lanières.
4. CUISEZ LES STEAKS hachés à la poêle dans un peu de beurre.
5. TARTINEZ LE PAIN de moutarde et de ketchup, puis posez la salade, les tranches de cornichon et le fromage.
6. SURMONTEZ VOS TARTINES des steaks hachés et dégustez.

L'aphrodite

[Pour 4 personnes]

facile **cuisson : 5 min** **préparation : 20 min**

ingrédients

- 4 tranches de pain de seigle
- 8 asperges vertes
- 12 huîtres
- 10 cl de champagne
- 50 g de beurre
- 50 g de comté râpé

préparation

1 **Épluchez les asperges :** pour cela, tenez à plat l'asperge sur une planche à découper, et épluchez à l'aide d'un économe de la pointe vers le pied.

2 **Coupez les asperges** en deux dans le sens de la longueur.

3 **Ouvrez les huîtres,** détachez la chair et rincez-la sous l'eau froide. Laissez-les égoutter.

4 **Portez à ébullition** le champagne et le beurre.

5 **Avec un pinceau,** badigeonnez le pain de beurre au champagne.

6 **Posez sur les tartines** les asperges puis les huîtres, et saupoudrez de comté.

7 **Cuisez sous le gril** 5 min à mi-hauteur, puis dégustez.

la basquaise

[Pour 4 personnes]

facile **préparation : 10 min**

ingrédients

- 4 tranches de brioche
- 4 cuillères à soupe de confiture de cerise noire
- 4 grosses de tranches de fromage basque
- 50 g de tomates séchées
- Poivre du moulin

préparation

1. Hachez les tomates séchées.
2. Toastez les tranches de brioche.
3. Tartinez les toasts de confiture, parsemez de hachis de tomates et couvrez le tout d'une tranche de fromage.
4. Poivrez la préparation et dégustez.

la gourmande

[Pour 4 personnes]

facile	cuisson : 5 min	préparation : 15 min

ingrédients

- 6 champignons de Paris
- 3 tranches de jambon blanc
- 1/2 oignon
- 50 g de roquefort
- 2 cuillères à soupe de crème fraîche
- 60 g de gruyère râpé
- 1 baguette

préparation

1. **Coupez la baguette** en deux dans le sens de la longueur, puis de nouveau en deux dans le sens de la largeur.
2. **Lavez les champignons** et émincez-les.
3. **Coupez le jambon** en lanières.
4. **Coupez le roquefort** en dés.
5. **Épluchez l'oignon** et coupez-le en rondelles.
6. **Tartinez les baguettes** de crème et parsemez-les de dés de roquefort.
7. **Surmontez les bruschettas** de champignons, de jambon et finissez par le gruyère.
8. **Passez sous le gril** 5 min à mi-hauteur et dégustez.

la piquante

[Pour 4 personnes]

facile **cuisson : 5 min** **préparation : 10 min**

ingrédients

- 12 tranches de chorizo
- 1 cuillère à soupe de harissa
- Tabasco
- 1/2 oignon
- 2 tomates
- 150 g de mozzarella
- 1 baguette

préparation

1. **Coupez la baguette** en deux dans le sens de la longueur, puis de nouveau en deux dans le sens de la largeur.
2. **Coupez la mozzarella** en fines tranches.
3. **Tartinez les tranches** de pain de harissa et arrosez de quelques gouttes de Tabasco.
4. **Épluchez l'oignon** et coupez-le en rondelles.
5. **Coupez les tomates** en rondelles.
6. **Répartissez les ingrédients** par couches successives, en terminant par la mozzarella.
7. **Passez sous le gril** pendant 5 min et dégustez.

la pizza du pauvre

[Pour 4 personnes]

facile | **cuisson : 5 min** | **préparation : 10 min**

ingrédients

- 1 baguette
- 1 gousse d'ail
- 1 tomate
- 50 g de parmesan
- 2 cuillères à soupe d'huile d'olive

préparation

1. **Coupez la baguette** en deux dans le sens de la longueur, puis de nouveau en deux dans le sens de la largeur.
2. **Épluchez l'ail** et hachez-le.
3. **Coupez la tomate** en deux, puis détaillez-la en tranches fines.
4. **Mélangez l'huile** à l'ail.
5. **Badigeonnez la baguette** avec l'huile à l'ail.
6. **Posez les tomates** par-dessus.
7. **Parsemez de copeaux** de parmesan.
8. **Passez sous le gril** 5 min et dégustez.

la recette *de Manou*

[Pour 4 personnes]

facile	cuisson : 5 min	préparation : 10 min

ingrédients

- 100 g de lardons
- 2 cuillères à soupe de crème fraîche
- 2 pommes de terre cuites dans leur peau
- 1 gousse d'ail
- 100 g de gruyère
- 1/2 oignon
- 4 tranches de pain de campagne

préparation

1. **Tartinez le pain** de crème fraîche.
2. **Épluchez l'ail** et hachez-le.
3. **Épluchez les pommes de terre,** puis coupez-les en rondelles.
4. **Épluchez l'oignon** et coupez-le en rondelles.
5. **Disposez les ingrédients** sur le pain par couches successives en terminant par le gruyère.
6. **Passez sous le gril** 5 min à mi-hauteur et dégustez.

le goodwich *de Denise*

[Pour 4 personnes]

facile **cuisson : 8 min** **préparation : 20 min**

ingrédients

- 1 avocat
- 4 pains pita
- 3 cuillères à soupe de mayonnaise
- 100 g de brocolis
- 1 carotte
- 1/2 oignon rouge
- Sel, poivre du moulin

préparation

1. **Coupez l'avocat** en deux, enlevez le noyau et la peau, puis détaillez la chair en lamelles.
2. **Épluchez la carotte** et râpez-la.
3. **Épluchez l'oignon** et hachez-le.
4. **Coupez les brocolis** en petits bouquets, que vous faites cuire 8 min dans une grande quantité d'eau salée. Égouttez-les et laissez-les refroidir.
5. **Mélangez tous les ingrédients,** rectifiez l'assaisonnement et garnissez vos pains pita de la préparation. Dégustez.

tartine à l'huile d'olive
et aux herbes de Provence

[Pour 4 personnes]

facile **cuisson : 2 min** **préparation : 10 min**

ingrédients

- 4 tranches de pain de campagne rassi
- 1 tomate
- 1 gousse d'ail
- 5 cuillères à soupe d'huile d'olive
- 1 cuillère à café d'herbes de Provence

remarque

Cette tartine est particulièrement délicieuse en accompagnement d'un barbecue.

préparation

1. ÉPLUCHEZ L'AIL.
2. COUPEZ LA TOMATE en deux.
3. MÉLANGEZ LES HERBES de Provence et l'huile d'olive.
4. FROTTEZ LE PAIN avec l'ail, puis avec la tomate.
5. BADIGEONNEZ d'huile d'olive.
6. PASSEZ SOUS LE GRIL 2 min et dégustez.

tartine
à la banane

[Pour 4 personnes]

facile **préparation : 10 min**

ingrédients

- 2 bananes
- 4 tranches de brioches
- 4 cuillères à soupe de confiture de lait
- 1 bombe de chantilly

préparation

1. TARTINEZ LA BRIOCHE de confiture de lait.
2. ÉPLUCHEZ LES BANANES et coupez-les en rondelles.
3. RÉPARTISSEZ LES RONDELLES de banane sur les tranches de brioche, couvrez généreusement de crème chantilly et dégustez.

tartine *charcutière*

[Pour 4 personnes]

facile **préparation : 10 min**

ingrédients

- 4 tranches de pain de campagne
- 100 g de langue de bœuf cuite
- 3 tranches de jambon blanc
- 4 cornichons
- 3 cuillères à soupe de mayonnaise
- 1 cuillère à soupe de moutarde
- 1 cuillère à soupe de persil haché

préparation

1. **Coupez le jambon** et la langue de bœuf en fines lanières.

2. **Coupez les cornichons** en rondelles.

3. **Mélangez tous les ingrédients,** tartinez-en les tranches de pain et dégustez.

tartine d'épinards *et d'anchois*

[Pour 4 personnes]

facile **préparation : 20 min**

ingrédients

- 1 baguette
- 200 g de pousses d'épinard
- 1 boîte d'anchois à l'huile
- 100 g de fromage blanc
- 1 échalote
- Le jus d'1/2 citron
- 1 gousse d'ail
- 1 cuillère à soupe d'huile d'olive

préparation

1. **Coupez la baguette** en deux dans le sens de la longueur, puis de nouveau en deux dans le sens de la largeur.
2. **Épluchez et hachez** l'échalote.
3. **Toastez les tranches** de pain.
4. **Épluchez l'ail** et frottez-en les toasts.
5. **Lavez et égouttez** les pousses d'épinard, puis mélangez-les au fromage blanc, ainsi que le jus de citron et l'échalote hachée.
6. **Garnissez les tranches** de baguettes avec la préparation.
7. **Répartissez les filets** d'anchois sur les baguettes, terminez par un petit filet d'huile d'olive et dégustez.

tartine de chorizo
et de parmesan

[Pour 4 personnes]

facile **cuisson : 5 min** **préparation : 10 min**

ingrédients

- 50 g de parmesan
- 1 tomate
- 2 cuillères à soupe de fromage blanc
- 12 rondelles de chorizo
- 4 tranches de pain de seigle

préparation

1. COUPEZ LA TOMATE en rondelles.
2. TARTINEZ LES TRANCHES de pain de fromage blanc.
3. RÉPARTISSEZ LES TOMATES et le chorizo sur les tranches de pain, puis parsemez de copeaux de parmesan.
4. PASSEZ SOUS LE GRIL pendant 5 min à mi-hauteur et dégustez.

tartine de crevettes *au mascarpone*

[Pour 4 personnes]

facile | **préparation : 10 min**

ingrédients

- 4 tranches de pain de seigle
- 200 g de crevettes décortiquées
- 100 g de mascarpone
- 4 brins de coriandre
- 1 oignon de printemps
- 1 cuillère à café de vinaigre de Xérès
- Sel, poivre du moulin

préparation

1 HACHEZ LA CORIANDRE.

2 COUPEZ L'OIGNON de printemps en deux, puis émincez-le.

3 MÉLANGEZ LE MASCARPONE, la coriandre, l'oignon de printemps et le vinaigre de Xérès, puis assaisonnez la préparation.

4 RÉPARTISSEZ LE MASCARPONE sur les tranches de pain, surmontez des crevettes et dégustez.

tartine *de crudités*

[Pour 4 personnes]

facile **préparation : 20 min**

ingrédients

- 1 carotte
- 4 cuillères à soupe de mayonnaise
- 2 feuilles de laitue romaine
- 1/4 de chou rouge
- Le jus d'1/2 citron
- 2 cuillères à soupe d'huile d'olive
- 6 radis
- 4 cracottes au seigle

préparation

1. **Coupez le chou** en fines lanières, que vous arrosez de jus de citron et d'huile d'olive.
2. **Lavez les feuilles** de laitue, enlevez la nervure centrale puis coupez-les en lanières.
3. **Épluchez la carotte** et râpez-la.
4. **Coupez les radis** en rondelles.
5. **Mélangez la salade,** la mayonnaise, les radis et les carottes, puis disposez sur les cracottes au seigle.
6. **Recouvrez** de chou rouge et dégustez.

tartine de foie gras *et de jambon de Parme*

[Pour 4 personnes]

facile | **cuisson : 3 min** | **préparation : 20 min**

ingrédients

- 4 tranches de pain de campagne
- 4 tranches de foie gras de 60 g
- 4 tranches de jambon de Parme
- 1 cuillère à soupe de confiture de figues
- 40 g de beurre demi-sel

préparation

1. TOASTEZ LES TRANCHES de pain.
2. POÊLEZ LES TRANCHES de foie gras 30 sec sur chaque face.
3. COUPEZ LE JAMBON de Parme en lanières.
4. TARTINEZ LES TRANCHES de pain avec le beurre, puis la confiture, et répartissez le jambon dessus.
5. POSEZ LES TRANCHES de foie gras sur le jambon et dégustez.

tartine *de pain noir*

[Pour 4 personnes]

facile **cuisson : 2 min** **préparation : 15 min**

ingrédients

- 1 tomate
- 40 g de beurre
- 1/2 oignon
- 1 saucisse de Strasbourg
- 4 tranches d'emmental
- 4 tranches de pain noir
- 1 cuillère à soupe de sauce raifort

préparation

1. **Tartinez les tranches** de pain de beurre et de sauce raifort.
2. **Détaillez la saucisse** de Strasbourg en rondelles.
3. **Coupez la tomate** en deux, puis coupez-la en tranches fines.
4. **Épluchez l'oignon,** puis détaillez-le en fines rondelles.
5. **Placez les tranches** de tomates sur le pain, suivies des rondelles d'oignons et de saucisse.
6. **Terminez par une tranche** d'emmental et dégustez.

tartine de pied de porc *aux cèpes*

[Pour 4 personnes]

facile | **cuisson : 15 min** | **préparation : 20 min**

ingrédients

- 1 pied de porc
- 300 g de cèpes frais
- 15 cl de crème fraîche
- 1 échalote
- 1 cuillère à soupe de madère
- 50 g de beurre
- 1 baguette
- Sel, poivre du moulin

préparation

1. **CHAUFFEZ LE PIED** de porc au micro-ondes, puis désossez-le et hachez-le grossièrement.
2. **LAVEZ LES CÈPES** puis émincez-les.
3. **ÉPLUCHEZ ET HACHEZ** l'échalote.
4. **POÊLEZ LES CÈPES** et l'échalote dans le beurre et laissez cuire 10 min.
5. **AJOUTEZ LA CRÈME,** le pied de porc et le madère, assaisonnez et cuisez encore 5 min.
6. **COUPEZ LA BAGUETTE** en deux dans le sens de la longueur, puis de nouveau en deux dans le sens de la largeur.
7. **RÉPARTISSEZ LA PRÉPARATION** sur les tranches de pain et dégustez.

tartine de poitrine de porc *à l'emmental*

[Pour 4 personnes]

facile **cuisson : 5 min** **préparation : 10 min**

ingrédients

- 1 baguette
- 8 tranches de poitrine de porc fumée
- 100 g d'emmental râpé
- 1 tomate
- 3 cuillères à soupe de crème fraîche

préparation

1. COUPEZ LA TOMATE en rondelles.
2. COUPEZ LA BAGUETTE en deux dans le sens de la longueur, puis de nouveau en deux dans le sens de la largeur.
3. TARTINEZ LES TRANCHES de pain de crème, posez par-dessus les tomates, la poitrine et saupoudrez d'emmental râpé.
4. PASSEZ SOUS LE GRIL 5 min à mi-hauteur et dégustez.

tartine de saumon
au yaourt

[Pour 4 personnes]

facile **préparation : 10 min**

ingrédients

- 4 tranches de pain de seigle
- 4 tranches de saumon fumé
- 1 pot de yaourt
- 1 cuillère à café de graines de cumin
- 1 cuillère à soupe d'aneth haché
- Le jus d'1/2 citron
- Sel, poivre du moulin

préparation

1. **Toastez les tranches** de pain.
2. **Mélangez le yaourt,** les graines de cumin, le jus de citron, l'aneth et assaisonnez.
3. **Tartinez les tranches** de pain de sauce au yaourt, recouvrez d'une tranche de saumon et dégustez.

tartine de suprême de poulet *aux pignons de pin*

[Pour 4 personnes]

facile **cuisson : 5 min** **préparation : 20 min**

ingrédients

- 4 tranches de pain aux céréales
- 100 g de fourme d'Ambert
- 50 g de pignons de pin
- 1 blanc de poulet
- 1 cuillère à soupe d'huile de noix
- 4 feuilles d'estragon

préparation

1. COUPEZ LA FOURME en petit dés.
2. ÉMINCEZ LE BLANC de poulet.
3. HACHEZ LES FEUILLES d'estragon.
4. MÉLANGEZ LE BLANC de poulet, les pignons de pin, l'huile de noix et l'estragon haché.
5. RÉPARTISSEZ LES DÉS de fourme sur les tranches de pain, puis recouvez d'une fine couche de la préparation aux blancs de volaille.
6. PASSEZ SOUS LE GRIL 5 min et dégustez.

tartine de tapenade *et ricotta*

[Pour 4 personnes]

facile **préparation : 10 min**

ingrédients

- 50 g de tapenade
- 150 g de ricotta
- 4 tranches de pain aux céréales
- 1 tomate
- 1 cuillère à soupe d'huile d'olive
- 1/4 d'oignon

préparation

1. ÉPLUCHEZ ET ÉMINCEZ finement l'oignon.
2. COUPEZ LA TOMATE en deux, puis détaillez-la en tranches fines.
3. TARTINEZ LES TRANCHES de pain de tapenade, couvrez d'une couche d'oignon, d'une couche de tomate, et terminez par une couche de ricotta.
4. VERSEZ UN FILET D'HUILE d'olive sur les tartines et dégustez.

tartine de tomates *à la mozzarella et au basilic*

[Pour 4 personnes]

facile **cuisson : 5 min** **préparation : 20 min**

ingrédients

- 1 baguette
- 150 g de mozzarella
- 8 feuilles de basilic
- 1 tomate 'Cœur de Bœuf'
- 4 cuillères à soupe d'huile d'olive
- 1/2 oignon
- Sel, poivre du moulin

préparation

1. **Coupez la baguette** en deux dans le sens de la longueur, puis de nouveau en deux dans le sens de la largeur.
2. **Coupez la mozzarella** en fines tranches.
3. **Hachez les feuilles** de basilic et mélangez-les à l'huile d'olive.
4. **Coupez la tomate** en deux, puis détaillez-la en tranches fines.
5. **Épluchez l'oignon,** puis coupez-le en fines rondelles.
6. **Badigeonnez les tranches** de pain d'huile au basilic et disposez dessus les rondelles de tomate et d'oignon.
7. **Assaisonnez, recouvrez** de tranches de mozzarella et arrosez avec le restant d'huile au basilic.
8. **Passez sous le gril** 5 min à mi-hauteur et dégustez.

remarque

Surveillez bien la cuisson afin que le pain ne brûle pas.

tartine de tomates séchées *au chèvre*

[Pour 4 personnes]

facile **cuisson : 5 min** **préparation : 20 min**

ingrédients

- 1 baguette
- 150 g de fromage de chèvre
- 4 feuilles de basilic
- 100 g de tomates séchées
- 3 cuillères à soupe de ricotta

préparation

1. COUPEZ LA BAGUETTE en deux dans le sens de la longueur, puis de nouveau en deux dans le sens de la largeur.
2. TARTINEZ LES TRANCHES de pain de ricotta.
3. HACHEZ LES TOMATES séchées et tartinez-en les tranches de pain.
4. HACHEZ LES FEUILLES de basilic.
5. COUPEZ LE CHÈVRE en rondelles.
6. RÉPARTISSEZ LES RONDELLES de chèvre sur les tranches de pain et saupoudrez de basilic haché.
7. PASSEZ SOUS LE GRIL 5 min et dégustez.

tartine *du boucher*

[Pour 4 personnes]

facile | **préparation : 10 min**

ingrédients

- 4 tranches de pain de campagne
- 4 cuillères à soupe de mayonnaise
- 1 cuillère à soupe de câpres
- 5 brins de ciboulette
- 8 fines tranches de rôti de bœuf

préparation

1. HACHEZ LA CIBOULETTE et les câpres.
2. MÉLANGEZ LA MAYONNAISE aux câpres et à la ciboulette.
3. TARTINEZ LES TRANCHES de pain de mayonnaise, disposez les tranches de rôti par-dessus et dégustez.

index

Ouvrage collectif créé par Losange
Avec la collaboration de : Samuel Butler, Guillaume Mourton, Patrick André, Hervé Chaumeton

Coordination éditoriale : Sophie Jutier
PAO : Francis Rossignol, Isabelle Véret
Photogravure : Stéphanie Henry, Chantal Mialon

ISBN : 2-84416-434-X
N° d'éditeur : 84416
Dépôt légal : avril 2006

Achevé d'imprimer : mars 2006
Imprimé en Slovaquie par Polygraf Print GmbH, Presov